Dieses Album gehört

_____

Dieses schöne Geschenk

hat mir _____ gemacht.

Der Herr segne dich und behüte dich!
Der Herr blicke dich freundlich an
und sei dir gnädig!
Der Herr wende sich dir in Liebe zu
und gebe dir Frieden!

Numeri 6,24–26

Brigitte Goßmann

Jesus ist mein Freund

Kommunionalbum

Butzon & Bercker

Liebes
Erstkommunionkind!

Wenn du dieses Erinnerungsbuch in den Händen hältst, ist der große Festtag schon vorüber. Viele Monate hast du dich auf diesen Tag vorbereitet und sicherlich auch aufgeregt darauf gewartet, endlich zur Kommunion gehen zu dürfen.

Nun beginnt für dich eine neue Zeit, eine Zeit ohne Kommuniongruppe. Du weißt nun, um was es bei der Kommunion, bei der Eucharistie geht. Während jeder heiligen Messe darfst du am Altar den Leib Christi empfangen – überall auf der ganzen Welt.

Jesus macht sich klein, in Brot und Wein. Er möchte dich stärken und dir nahe sein. Er möchte dich begleiten, wie auch Gottes Segen unser ganzes Leben begleitet.

Ich wünsche dir, dass du Gottes unendliche Liebe und seinen Segen erspüren kannst!

Brigitte Goßmann

Gott *liebt* alle Kinder
dieser Welt.

Gottes *Liebe* ist überall.

Jesus *beschützt* dich.

Gott *begleitet* dich auf
all deinen Wegen.

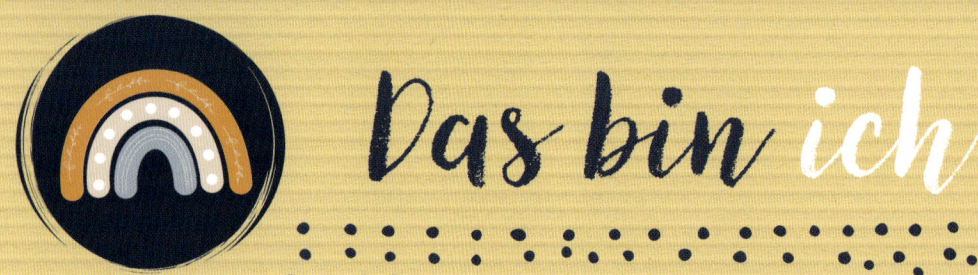

Das bin ich

Ich bin

Ich wurde am   in   geboren.

Meine Eltern sind

Zu meiner Familie gehören auch

Am _____ wurde ich in der Pfarrkirche _____ getauft.

Meine Taufpaten sind _____

_____

Ich besuche die _____ Klasse der _____ Schule.

Mein Lieblingsfach ist _____

Meine Freunde sind _____

Meine Hobbys sind _____

Davon träume ich: _____

_____

_____

Ich bin

einzigartig

mutig

stark

geliebt

wertvoll

getragen

gesegnet

Mein schönstes Lächeln

Hier ist Platz für ein
Foto von dir.

Auf dem Weg zur
Erstkommunion

Seit dem _____ habe ich mich auf die Erstkommunion

vorbereitet.

Vorbereitet hat/haben mich _____

_____

Wir trafen uns immer _____ um _____ Uhr in

_____ .

Sei mutig und
entschlossen.
Gott ist bei dir, wohin
du auch gehst.

Nach Josua 1,9

In meiner Kommuniongruppe waren:

Besonders gut gefallen hat mir in der Zeit der Vorbereitung:

Meine
Kommuniongruppe

*Hier ist Platz für ein Foto
deiner Kommuniongruppe.*

Miteinander
feiern, teilen,
singen, lachen,
reden, schweigen
und die Welt verbessern.
Im Miteinander liegt
das Geheimnis von Frieden
und Gerechtigkeit.
So werden wir gegenseitig
zum Segen für uns
und andere Menschen.

Zeichen für Gottes Liebe

Symbole helfen, Gottes Liebe zu verstehen:

der **Fisch,** der als Geheimzeichen der ersten Christen diente,

die **Sonne,** die die Gerechtigkeit Gottes erstrahlen lässt,

die **Hände,** die wir uns reichen, weil Gott uns seine Hand entgegenstreckt,

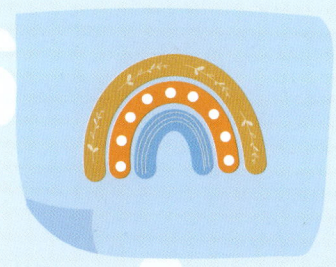

der **Regenbogen** als Zeichen
für den Bund, den Gott mit uns
Menschen geschlossen hat,

der **Leuchtturm,** der uns zeigt, dass
wir die Orientierung nicht verlieren,
wenn wir auf Gott vertrauen.

Es gibt natürlich noch sehr
viele andere Symbole:
Welche Symbole kennst du?

Der Tag meiner Erstkommunion

Am _____ habe ich das Fest der ersten heiligen

Kommunion in der Kirche _____ gefeiert.

Der Pfarrer hieß _____

Das Motto unserer Feier lautete _____

Das schönste Lied war _____

So habe ich mich gefühlt:

○ aufgeregt   ○ fröhlich

○ gespannt   ○ ängstlich

○ nervös   ○ glücklich

○ _____   ○ _____

Das hat mir an der Feier gut gefallen:

So sah ich an meinem großen Tag aus:

Das Brot
des Lebens

Die Eucharistie, die heilige Kommunion,
das Brot des Lebens ist ein geheimnisvolles
Zeichen der Liebe Gottes.
Gott selber macht sich in Jesus darin winzig klein.
Ein kleines Stückchen Brot,
in dem die ganze Liebe Gottes verborgen ist.
Ein kleines Stückchen Brot,
das uns alles gibt, was wir zum Leben brauchen.
Ein kleines Stückchen Brot,
weiß, unscheinbar und geheimnisvoll.
Doch wer davon isst,
für den strahlt die Welt in den schönsten Farben.

Jesus lädt dich ein, an
seinem Tisch Gast zu sein.
Er lädt dich ein, ihm im
heiligen Brot nahe zu sein.

*Hier ist Platz für ein Foto
deiner Kommunionfeier.*

Das Licht der Liebe

Kerzen erinnern uns mit ihrem hellen Schein daran, dass Gott uns begleitet. Bei deiner Taufe wurde die Taufkerze an der Osterkerze entzündet. Bei deiner Erstkommunion wurde die Kommunionkerze entflammt. Auch sie soll mit den Symbolen, die darauf abgebildet sind, an Gottes Liebe erinnern. Die Kerzen sagen: „So, wie ich dir Licht spende, so begleitet dich Gottes Segen auf all deinen Wegen."

Jesus sagt: Ich bin das Licht der Welt.
Das Licht in der Dunkelheit.
Das Licht, das dein Herz erhellt.

Nach Johannes 8,12

Meine
Kommunionkerze

Unter Gottes Segen leben

Was heißt segnen? Segnen ist mehr, als jemandem etwas Gutes zu wünschen. Das Wort Segen stammt vom lateinischen Wort „signum", was so viel wie „Zeichen" bedeutet. Mit Gebeten oder Gesten wird Gott gebeten, uns Heil und Schutz zu schenken. Du kennst einige dieser Gesten: das **Kreuzzeichen,** die **Handauflegung** oder das **Spenden von Weihrauch.** Der Segen ist das Beste, das wir Menschen geschenkt bekommen können. Gott schenkt uns in seiner unendlichen Liebe seinen Segen.

*Gott ist überall, wo wir sind,
da, wo du bist.*

Gott behütet, beschützt und begleitet uns auf all unseren Wegen.
Wir werden gesegnet und wir dürfen andere Menschen segnen.
Doch der Ursprung des Segens liegt in Gott.
Aller Segen kommt von ihm.

Ich werde dich segnen
und deinen Namen groß machen.
Ein Segen sollst du sein.

Nach Genesis 12,2

Gottes Liebe

Du erfreust dich an den Tieren.
Der Duft und die Farben der Blumen
faszinieren dich.
Du siehst Berg und Tal,
Wasser, Sonne, Mond und Sterne.
Und du fragst dich,
wer das alles gemacht hat.
Du kannst Erklärungen finden
in schlauen Büchern.
Dort steht nüchtern beschrieben,
wie Leben entsteht und wächst.
Doch über all dem Wissen
schwebt Gottes Liebe,
die sich nicht in Worte fassen lässt,
die sich winzig klein macht,
die sich wandelt in Brot und Wein.

So haben wir gefeiert

Nach dem Gottesdienst haben wir hier gefeiert:

Das gab es zu essen:

Besonders schön war:

Hier ist Platz für Fotos
von deiner Feier.

Hier ist Platz für Fotos
von deiner Feier.

*Hier ist Platz für Fotos
von deiner Feier.*

Wo zwei oder drei
in meinem Namen zusammenkommen,
bin ich in ihrer Mitte.

Matthäus 18,20

Meine
Gäste

Wer hat mit dir gefeiert? Hier ist Platz für Unterschriften, gute Wünsche und Fotos deiner Gäste.

Die
Eucharistie

Bei deiner Erstkommunion hast du zum ersten Mal das Sakrament der heiligen Kommunion empfangen, auch „Eucharistie" genannt. Im heiligen Brot, also in der Hostie, ist Christus gegenwärtig – so wie er es beim Letzten Abendmahl mit seinen Jüngern vor seinem Tod gesagt hat:

> „Das ist mein Leib, der für euch hingegeben wird. Feiert dieses Mahl immer wieder und denkt daran, was ich für euch getan habe, sooft ihr dieses Brot esst!"
>
> *1 Korinther 11,24*

Ähnlich ist es mit dem Wein, der sich bei der Eucharistiefeier im Kelch befindet. Jesus hat dazu gesagt:

> „Dieser Kelch ist der neue Bund zwischen Gott und euch, der durch mein Blut besiegelt wird. Sooft ihr aus diesem Kelch trinkt, denkt an mich und an das, was ich für euch getan habe! Denn jedes Mal, wenn ihr dieses Brot esst und aus diesem Kelch trinkt, verkündet ihr, was der Herr durch seinen Tod für uns getan hat, bis er kommt."
>
> *1 Korinther 11,25–26*

Jesus ist also in Brot und Wein gegenwärtig. Dieses große Geheimnis können wir nur im Glauben an ihn verstehen. Wenn wir die Kommunion empfangen, erinnern wir uns an die Worte Jesu. Zugleich feiern wir, dass Jesus vom Tod auferstanden ist. Nach der Taufe ist die Eucharistie oder heilige Kommunion ein weiterer wichtiger Schritt für dich in die Gemeinschaft der Kirche und mit Gott.

Gott hat uns in seine
Gemeinde berufen.
Darum sind wir ein Leib,
und es ist ein Geist,
der in uns wirkt.
Uns erfüllt ein und
dieselbe Hoffnung.

Epheser 4,4

Einer, der immer für mich da ist

Jesus, du hast den Menschen geholfen.
Du bist der Freund, den ich mir wünsche.
Einer, der immer für mich da ist.
Wenn es ganz still ist und ich mich
allein fühle, dann spüre ich,
dass du bei mir bist.
Jesus, du bist mein Freund, dir vertraue ich,
bitte begleite mich durch mein Leben.

Mein
treuer Freund

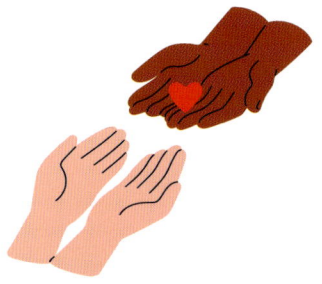

Ich heiße

Du nennst mich auch

Wir sind: ◯ Beste Freunde   ◯ Gute Bekannte

◯ Dicke Kumpel   ◯ Fast Fremde

◯   ◯

Meine Hobbys

So haben wir uns kennengelernt: Das gefällt mir an dir besonders:

Ein treuer Freund ist wie ein festes Zelt;
wer einen solchen findet, hat einen Schatz gefunden.

Nach Jesus Sirach 6,14

Meine
Lieblingsgebete

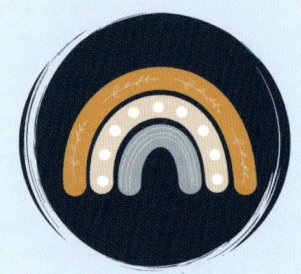

Lieber Gott,
du segnest mich,
wenn ich Angst habe,
wenn ich Mut brauche,
wenn ich schwach bin,
wenn ich mich streite,
wenn ich traurig bin.
Du bist immer bei mir.
Danke!

Hilf mir, lieber Gott,
auf all meinen Wegen.
Reiche mir die Hand
und schenke mir Segen.
Wo ich auch hingehe,
du bist schon da.
Lieber Gott, ich weiß,
du bist ganz nah.

Das Essen auf dem Tisch ist bunt.
Es stillt meinen Hunger und ist gesund.
Lieber Gott, dafür danke ich dir.
Amen.

Hier kannst du dein eigenes Gebet aufschreiben. Vielleicht möchtest du Gott um etwas bitten, einfach Danke sagen oder etwas erzählen, was dir auf dem Herzen liegt.

Segens-wünsche

Bestimmt möchten deine Eltern, Paten oder Katecheten dir ihre ganz persönlichen Wünsche mit auf den Weg geben:

Möge das Glück immer
greifbar sein für dich.
Mögen gute Freunde immer
in deiner Nähe sein.
Möge dir jeder Tag, der kommt,
eine besondere Freude bringen,
die dein Leben heller macht.

Irischer Segenswunsch

Es geht weiter

Nach meiner Erstkommunion
habe ich mitgemacht bei:

○ den Messdienern

○ den Pfadfindern

○ der KJG

○ den Sternsingern

○ dem Kinderchor

○ dem Krippenspiel

○

○

○

Mein schönstes Erlebnis in meiner Kirchengemeinde:

Schritt für Schritt
geh ich durchs Leben,
mal gibt es Sonne
und mal Regen.
Guter Gott,
auf all meinen Wegen
bin ich beschützt
durch deinen Segen.

Du bist

einzigartig

Was du auch immer in deinem
Leben erreichen wirst,
was auch immer das Leben
mit dir macht,
was auch immer du eines
Tages sein wirst,
nur eines zählt, was du
heute schon bist:

einzigartig!

Was ich dir wünsche

Ich wünsche dir,
dass du mit dir und der Welt
in Frieden leben kannst,
weil du weißt, dass du aus der Liebe
und dem Segen Gottes lebst.
Dass dich nichts erschüttern und
von Gott entfernen kann,
weil du aus der Hoffnung lebst,
die Zuversicht spendet.
Dass du Liebe verschenkst,
wo Hass regiert,
weil du mit dem Segen,
den du verschenkst,
die ganze Welt
verändern kannst.

Rätsel für dich

Schreibe die Begriffe neben die Symbole. Wenn du die farbig markierten Buchstaben in die richtige Reihenfolge bringst, erhältst du die Lösung. Eine kleine Hilfe ist dir dabei, dass jedes Wort des Lösungssatzes eine andere Farbe hat.

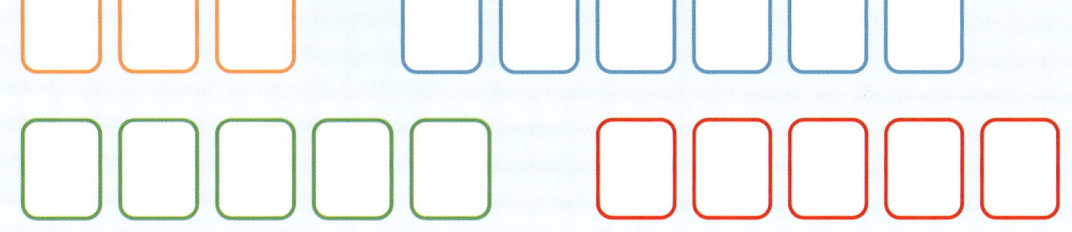

Lösungssatz

Auflösung des Rätsels von Seite 44/45:
Begriffe: Sonne, Kirche, Trauben, Leuchtturm, Schmetterling, Ähren, Taube,
Regenbogen, Herz, Lamm, Kelch, Kreuz, Blume, Schiff, Fisch, Baum
Lösungssatz: Mit Gottes Segen leben.

Texte: Die Bibelstellen sind der Übersetzung Hoffnung für alle® entnommen, Copyright © 1983, 1996, 2002,
2015 by Biblica, Inc.®. Verwendet mit freundlicher Genehmigung des Herausgebers Fontis.

Abbildungen: © Soho A studio · Iryna · DruZhi Art · kuromily · ADELART · Alice Vacca · Lapetiteprune ·
tabitazn · Helga Frode · Good Studio · Saiful · lyubovyaya · Volha Hlinskaya · Judit Zengovari/Minty ·
Abundzu · lanastace · magann · Stockgiu · SEGO Team · Oleksandra Moryeva · nataliesezam ·
Anton Baranovskyi · Trueffelpix · createvil · melita · Artnerdluxe · kytalpa – stock.adobe.com

Bibliografische Information der Deutschen Nationalbibliothek
Die Deutsche Nationalbibliothek verzeichnet diese Publikation in der Deutschen Nationalbibliografie;
detaillierte bibliografische Daten sind im Internet über http://dnb.d-nb.de abrufbar.

Das Gesamtprogramm
von Butzon & Bercker
finden Sie im Internet
unter **www.bube.de**

ISBN 978-3-7666-3745-1

© 2025 Butzon & Bercker GmbH, Hoogeweg 100, 47623 Kevelaer, Deutschland,
www.bube.de
Umschlaggestaltung: Tanja Manden nach einem Entwurf von Nicole Weidner, Kevelaer
Layout und Satz: Roman Bold & Black, Köln